Dominando Excel Tablas Dinámicas

Por Mark Moore

Contenido

1. ¿Qué es una Tabla Dinámica?

Las tablas dinámicas son las "mulas de carga" de Excel. Estas cosas les permiten a los usuarios tomar cientos, miles o incluso millones de filas de datos, procesarlos y producir reportes elegantes y listos para presentar. Suenan muy misteriosas, ¿verdad? Las Tablas Dinámicas, con tanto poder que tienen, parecería que son muy difíciles de comprender y de usar, o sea, sólo los departamentos de TI y de Finanzas o Contabilidad usan Excel, entonces hay que ser alguna especie de mago matemático o programador para usar las Tablas Dinámicas de Excel, ¿no?

¡Claro que no!

Cualquier persona puede usar las Tablas Dinámicas de Excel para crear reportes poderosos y elegantes. Veremos cómo crear y utilizar las Tablas Dinámicas paso por paso y te darás cuenta de que no es para nada complicado.

Si estás interesado en seguir esta lección, ve a mi sitio web y envíame tu dirección de e-mail para recibir el libro de Excel con todos los grupos de datos que vamos a estar utilizando.

Para obtener el archivo de Excel para trabajar con las Tablas Dinámicas vaya a esta página:
http://markmoorebooks.com/tablas-dinamicas/

Bueno, entonces ¿qué hace una Tabla Dinámica y por qué nos va a ayudar? ¿Por qué nos debería importar?

Las Tablas Dinámicas nos ayudan a convertir datos en información que se puede usar en reportes que nos ayuden a tomar decisiones inteligentes de negocios. Los datos están en bruto, son sólo una pila de cosas que no tienen ningún orden ni formato, sólo cosas. La información son datos que se han agrupado o a los que se les ha aplicado alguna lógica de manera que se puedan ver patrones y tendencias generales.

En su uso más básico, las Tablas Dinámicas agregan (suman) datos para que podamos ver fácilmente los totales por los campos (columnas) en los datos.

Algunos ejemplos simples explicarán esto mucho mejor. Este grupo de datos muestra algunos registros de ejemplo que muestran ingresos por Ciudad, Código Postal y Estado de distintas personas (ficticias).

	A	B	C	D	E
1	Nombre	Ciudad	Código Postal	Estado	Ingreso
2	Gray	Evansville	F1S 4F6	Quebec	93,836
3	Hasad	Benton Harbor	47772	MB	24,395
4	Eve	Opelousas	E4J 5H7	Quebec	22,483
5	Summer	South Pasadena	M9Z 7G5	Alberta	55,892
6	Nasim	West Covina	58877	QC	24,645
7	Blake	Pierre	L1J 8R0	VT	78,954
8	Jameson	Bartlesville	51867	QC	4,476
9	Zoe	Kettering	X5E 5G6	Idaho	93,591
10	Tashya	Sharon	88439	YT	76,996

Si quisiéramos crear un reporte a partir de estos datos, que nos mostraran los ingresos totales por Estado, tendríamos que hacer algunas sumas y trabajo manual para crear este reporte resumido. Por ejemplo, Quebec tenía 116,319 de ingresos totales (93,836 + 22,483) y QC tenía 29,121 (24,645 + 4,476).

Una Tabla Dinámica hace que el análisis de datos muy sencillo. Abajo podrás ver la Tabla Dinámica basada en los mismos datos que muestran los ingresos por Estado:

Etiquetas de fila ▼	Suma de Ingreso
Alberta	55,892
Idaho	93,591
MB	24,395
QC	29,121
Quebec	116,319
VT	78,954
YT	76,996
Total general	**475,268**

La Tabla Dinámica hace los cálculos por nosotros, formatea los resultados, ordena los Estados alfabéticamente e incluso nos da el Gran Total en la parte inferior. En menos de un minuto, ¡nuestro reporte está listo!

Por supuesto, podemos generar un reporte por Ciudad o por Código Postal en lugar de Estado. Incluso podemos combinar campos y generar un reporte que sea por Ciudad y Estado.

2. Generar una Tabla Dinámica

Construcción del Modelo

Cuando generamos un reporte por Tabla Dinámica, realmente estamos construyendo un modelo de Excel. ¿Qué es un modelo de Excel? ¡Un modelo de Excel es cualquier cosa que quieras que sea! Cuando abres Excel, la hoja está completamente en blanco y no hay nada ahí, entones puedes poner cualquier cosa que quieras. El resultado final de la combinación de texto, números y fórmulas es un modelo de Excel. Los usuarios expertos de Excel pueden incluir programación de Excel en sus modelos, si quieren hacerlo. Pero en realidad, a final de cuentas, un modelo de Excel es un **archivo de Excel que te ayuda a hacer el trabajo y a realizar alguna tarea**.

No hay 'reglas' rápidas y fijas para crear modelos, algunos modelos son malos, otros están bien y otros son excelentes. Nuestra meta es aprender a crear modelos de Excel de manera que podamos mantenerlo fácilmente y que haga una gran cantidad de trabajo con la mayor eficiencia. Recuerda que incluso lo que aprendamos aquí, no son reglas "escritas en piedra". En vez de eso, piensa en esto como mejores prácticas. Úsalas siempre que sea posible, pero si te topas con una situación en la que no apliquen o no concuerden con la solución que necesitas, ¡olvídate de ellas! Haz lo que te funcione.

Piensa en Capas

En la ingería de software, hay un tipo de arquitectura llamado arquitectura por capas (también conocida como *n-tier*, por su término en inglés). Esta arquitectura divide las distintas funciones en áreas que están separadas según su lógica. ¿Y qué crees? esto es muy eficiente y aplicaremos partes de este concepto a Excel.

Como mínimo, tus modelos de Excel deberían tener tres capas o niveles.

- Datos
- Lógica de Negocios
- Presentación

Datos

Esto es lo que todo el modelo usa como fuente. Datos puros, en bruto. Esta es una hoja de Excel que tiene sólo datos. Cada columna debería tener datos similares. Esto significa que si la columna A tiene nombres, no pongas otra cosa que no sean nombres en esa columna. **Todas las columnas deben tener un título en la primera fila.**

No te preocupes por el orden, el formato, etc. Esto es únicamente la base de datos del modelo, así que mantenlo simple.

Este es un ejemplo de cómo se vería una pequeña hoja de cálculo con datos:

	A	B	C	D	E
1	Nombre	Ciudad	Código Postal	Estado	Ingreso
2	Gray	Evansville	F1S 4F6	Quebec	93,836
3	Hasad	Benton Harbor	47772	MB	24,395
4	Eve	Opelousas	E4J 5H7	Quebec	22,483
5	Summer	South Pasadena	M9Z 7G5	Alberta	55,892
6	Nasim	West Covina	58877	QC	24,645
7	Blake	Pierre	L1J 8R0	VT	78,954
8	Jameson	Bartlesville	51867	QC	4,476
9	Zoe	Kettering	X5E 5G6	Idaho	93,591
10	Tashya	Sharon	88439	YT	76,996

Presentación

Sí, ¡ya sé que no estoy yendo en orden! pero es más fácil aprender con este orden.

La capa de presentación es el resultado final. Es el tablero de ventas, gráficas financieras, reportes, o lo que sea que vayas a generar a partir de los datos que tienes.

Aquí es donde haces que todo se vea bonito con distintas fuentes, imágenes y todo eso.

Esto está en una hoja de cálculo distinta. **¡NO pongas la presentación en la misma hoja de cálculo de los Datos!** Sé que hay miles de columnas vacías a la derecha de los datos. Parece un desperdicio de espacio, pero déjalas así y utiliza una hoja de cálculo distinta para la capa de Presentación.

La Tabla Dinámica es nuestra capa de Presentación.

Etiquetas de fila ▾	Suma de Ingreso
Alberta	55,892
Idaho	93,591
MB	24,395
QC	29,121
Quebec	116,319
VT	78,954
YT	76,996
Total general	**475,268**

Lógica de Negocios

La capa de lógica de negocios es un poco diferente de las otras dos capas. La lógica de negocios se puede colocar dentro de la capa de presentación o de la capa de datos. En ciertos casos, se puede poner en su propia hoja de datos. La capa de lógica de negocios son todas las fórmulas y lógica que extrae los datos de la capa de datos y realiza cálculos con ellos.

Para nosotros, la lógica de negocios consiste en las Tablas Dinámicas que creamos. Las Tablas Dinámicas tienen doble función como Lógica de Negocios y como capa de Presentación. Sin embargo, también aprenderemos cómo insertar cálculos personalizados en una Tabla Dinámica y esos cálculos definitivamente estarán relacionados con la capa de lógica de negocios.

Beneficios

¿Por qué tenemos que hacer todo esto? ¿Cuál es el beneficio?

El beneficio es que con esta estructura, tu modelo es muy flexible y se puede cambiar fácilmente en el futuro.

Revisemos. La capa de datos mantiene todos tus datos. Puedes importarla desde otro sistema de cómputo, copiar y pegar, lo que sea. La capa de presentación y la capa de lógica de negocios trabajan juntos para extraer los datos apropiados y presentarlos en un formato útil.

Básicamente, estás convirtiendo datos en información. La información se puede usar para tomar decisiones de negocios. Los datos no se pueden usar para eso, pues son sólo un montón de cosas.

La capa de la lógica de negocios es lo que une a las otras dos capas. Piensa en todas las capas como "ligeramente unidas". Se comunican unas con otras pero operan independientemente.

Si quieres agregar más datos, sólo pégalos debajo de los datos ya existentes. Inclusive puedes borrar todos los datos y no afectarás la capa de presentación. Por otro lado, si necesitas cambiar el reporte, lo puedes hacer muy fácilmente sin tener que meterte con las capas de datos o de negocios.

Sí, dependen unas de otras pero operan de manera independiente y se pueden cambiar sin afectar a las demás.

Datos Fuente

Antes de que comencemos a generar la tabla de datos, necesitamos comenzar por el principio: los datos con los que alimentamos la Tabla Dinámica.

Una Tabla Dinámica puede usar datos que vienen de distintas fuentes. Estas son:

- Listas o bases de datos de Microsoft Excel
- Fuente externa de datos
- Rangos múltiples de consolidación
- Otro reporte de Tabla Dinámica de Gráfico Dinámico.

Estaremos usando la primera opción, una '**Lista o base de datos de Microsoft Excel'**. Ese grupo de datos de ejemplo era una base de datos de Microsoft Excel.

Las fuentes externas de datos son otra muy buena manera de traer datos a la Tabla Dinámica. Este método le permite a Excel conectarse a una base de datos y traerlos a la tabla dinámica. Por ejemplo, si tienes una base de datos de Oracle o de SQL, Excel puede conectarse con ella (en tiempo real) y llevar los datos más recientes a la tabla dinámica. Esto es extremadamente poderoso pero no lo cubriremos en esta lección.

Se usan **múltiples rangos de consolidación** cuando hay varias bases de datos de Excel en distintas hojas de cálculo que deben resumirse en una tabla dinámica.

Otro reporte de Tabla Dinámica o de Gráfico Dinámico se usa cuando ya tenemos una tabla dinámica para un grupo de datos y necesitamos una segunda tabla dinámica **para el mismo grupo de datos**. Es mucho más eficiente para Excel usar una Tabla Dinámica en lugar de los datos en bruto.

Nota: Hablaremos de los Gráficos Dinámicos en otro capítulo.

¿Qué es una base de datos de Excel?

Si vamos a generar una Tabla Dinámica usando una base de datos de Excel, debemos asegurarnos de que nuestros datos están configurados correctamente.

Una base de datos de Excel es un grupo de datos que termina en la primera columna vacía y en la primera fila vacía alrededor de los datos. Además, todas las columnas de los datos deben tener un título.

Mira los siguientes ejemplos de bases de datos de Excel:

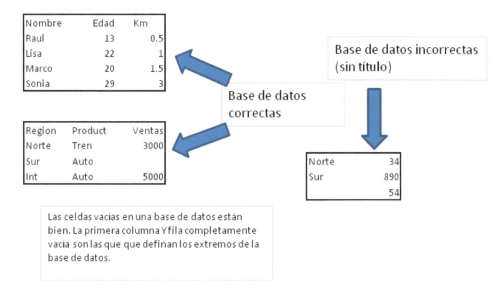

Y aquí tenemos dos pantallas de las primeras filas de las bases de datos de ejemplo que estaremos usando en esta lección.

Esta es la lista de Ingresos por Nombre, Ciudad y Estado que ya habíamos visto. Este grupo de datos tiene 201 filas.

	A	B	C	D	E
1	Nombre	Ciudad	Código Postal	Estado	Ingreso
2	Gray	Evansville	F1S 4F6	Quebec	93,836
3	Hasad	Benton Harbor	47772	MB	24,395
4	Eve	Opelousas	E4J 5H7	Quebec	22,483
5	Summer	South Pasadena	M9Z 7G5	Alberta	55,892
6	Nasim	West Covina	58877	QC	24,645
7	Blake	Pierre	L1J 8R0	VT	78,954
8	Jameson	Bartlesville	51867	QC	4,476
9	Zoe	Kettering	X5E 5G6	Idaho	93,591
10	Tashya	Sharon	88439	YT	76,996

Estos son datos de las Naciones Unidas que muestran la población por País, Ciudad y Estado. Este grupo de datos tiene 36,423 registros.

	A	B	C	D	E	F	G	H	I	J	K
1	País o área	Año	Area	Sexo	Ciudad	Tipo de Ciudad	Tipo de Registro	Confiabilidad	Fuente Año	Valor	Notas Valor
2	Å...land Islan	2011 Total		Both Sexes	MARIEHAMN	City proper	Estimate - de jure	Final figure, cor	2012	11226.5	
3	Å...land Islan	2011 Total		Male	MARIEHAMN	City proper	Estimate - de jure	Final figure, cor	2012	5363.5	
4	Å...land Islan	2011 Total		Female	MARIEHAMN	City proper	Estimate - de jure	Final figure, cor	2012	5863	
5	Å...land Islan	2010 Total		Both Sexes	MARIEHAMN	City proper	Estimate - de jure	Final figure, cor	2011	11156.5	
6	Å...land Islan	2010 Total		Male	MARIEHAMN	City proper	Estimate - de jure	Final figure, cor	2011	5327	
7	Å...land Islan	2010 Total		Female	MARIEHAMN	City proper	Estimate - de jure	Final figure, cor	2011	5829.5	
8	Å...land Islan	2009 Total		Both Sexes	MARIEHAMN	City proper	Estimate - de jure	Final figure, cor	2009	11064	
9	Å...land Islan	2009 Total		Male	MARIEHAMN	City proper	Estimate - de jure	Final figure, cor	2009	5264	
10	Å...land Islan	2009 Total		Female	MARIEHAMN	City proper	Estimate - de jure	Final figure, cor	2009	5800	
11	Å...land Islan	2008 Total		Both Sexes	MARIEHAMN	City proper	Estimate - de jure	Final figure, cor	2009	10954	
12	Å...land Islan	2008 Total		Male	MARIEHAMN	City proper	Estimate - de jure	Final figure, cor	2009	5189	

Generar una Tabla Dinámica

Ahora sí vayamos directo a poner manos a la obra. Trabajaremos paso a paso y explicaremos qué (y muy importante) por qué estamos haciendo algo.

Primero, debemos seleccionar los datos que vamos a usar para la Tabla Dinámica. Una vez que estamos en la hoja de cálculo de datos, tenemos tres opciones para seleccionar los datos:

1. Podemos resaltar manualmente el rango de datos
2. Podemos seleccionar una sola celda dentro de la base de datos y dejar que Excel expanda y seleccione los datos por nosotros (se detendrá en la primera fila y columna vacía que encuentre)

3. Podemos crear una Tabla y dejar que la Tabla Dinámica la use como fuente de los datos

La mejor opción es la Opción 3. Veamos por qué.

Tablas

Las tablas se introdujeron en Excel 2007. Las tablas son una nueva manera de decirle a Excel que trate una base de datos como una unidad cohesiva.

Usemos la base de datos de Ingresos para crear una tabla y luego veremos los distintos beneficios.

Una vez más, si quieres seguir la lección, puedes ir a mi sitio web Mark Moore Books (http://markmoorebooks.com/tablas-dinamicas/) y suscribirte a mi lista de estudiantes para recibir el libro de Excel con el que trabajaremos en esta lección.

Cuando estemos en la hoja de cálculo UNDatosdePoblacion, haz clic en cualquier celda del grupo de datos. Luego vamos a la pestaña Insertar y seleccionaremos Tabla.

En la nueva ventana que aparece, Excel automáticamente selecciona la base de datos (otra vez, se expande hasta que encuentra la primera fila y columna vacía)

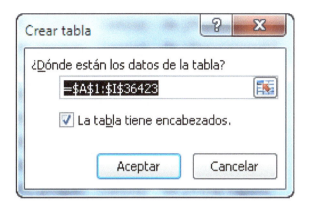

Haz clic en Aceptar.

Ahora la base de datos se ha convertido en una tabla y se ve así:

	A	B	C	D	E	F
1	**País o área** ▼	**Año** ▼	**Area** ▼	**Sexo** ▼	**Ciudad** ▼	**Tipo de Ciudad** ▼
2	Albania	2011	Both Sexes	DurrÃ«s	City proper	Census - de jure -
3	Albania	2011	Both Sexes	TIRANA	City proper	Census - de jure -
4	Albania	2011	Male	DurrÃ«s	City proper	Census - de jure -
5	Albania	2011	Male	TIRANA	City proper	Census - de jure -

Se aplicó un sombreado a las filas para que sea más fácil de leer. Se han aplicado Autofiltros a los datos.

También nota que aparece una nueva barra de herramientas cuando la tabla está activa. Con ella, podemos aplicar muchas funciones a los datos.

La siguiente es una lista rápida de los beneficios de las Tablas:

- Las tablas se auto expanden
- Las tablas se pueden resumir usando una Tabla Dinámica.
- Se pueden eliminar registros duplicados
- Las tablas se pueden exportar a SharePoint
- Se pueden aplicar diferentes estilos de formatos
- Se puede agregar la fila total (y aparecerá en la parte inferior de la tabla)

- Se pueden usar funciones agregadas en la Fila Total (Promedio, Conteo, Máximo, Mínimo, etc.)
- Las fórmulas se aplican a toda la columna
- Los títulos de las columnas se remplazan con los nombres del campo (columna) cuando la fila 1 ya no está visible

Revisemos algunos de estos beneficios. Incluso si no usáramos una Tabla Dinámica, convertir datos los datos en una tabla es muy útil.

Títulos de las Columnas

Cuando la fila 1 está visible, Excel se comporta normalmente. Sin embargo, una vez que la fila 1 no esté visible y seleccionemos una celda en la Tabla, Excel usa los nombres de campo en lugar de letras para que sepamos a qué campo representa.

Tipo de Registro	▼	Confiabilidad	▼	Año de Inicio	▼	Valor	▼	J
Census - de jure - comp		Provisional figure		2012		213895		
Estimate - de facto		Final figure, comple		2004		392863		
Estimate - de facto		Final figure, comple		2004		194006		

¿Notas cómo no se usan las letras de las columnas y que comienzan en la columna J?

Fórmulas

Si escribimos cualquier fórmula o dato inmediatamente a la derecha de la Tabla, la tabla se expandirá automáticamente para incluirla. Además, Excel llenará por nosotros toda la columna con la fórmula.

Las fórmulas se verán muy diferentes a las fórmulas normales de Excel. Las tablas usan una manera diferente referenciarse, pero no es necesario memorizar esta nueva sintaxis. Podemos únicamente escribir la fórmula como siempre y Excel hará la conversión.

Auto Expansión

Este es el beneficio más importante de las Tablas Dinámicas.

Cuando se introducen o pegan datos nuevos inmediatamente al lado o debajo de la tabla, automáticamente se expandirá para incluir las nuevas filas y/o columnas. ¡¡Esto es excelente!!

No hemos creado una Tabla Dinámica todavía, pero el primer paso para generar una es seleccionar los datos. Seleccionamos los datos, supongamos que el rango es A1:E100, le decimos a la Tabla Dinámica que use ese rango y continuamos generando nuestra Tabla Dinámica y nuestro reporte.

Un mes después, necesitamos agregar otras 100 filas de datos al reporte. Obtenemos nuestros nuevos datos y los pegamos, comenzando en la fila 101. **Si no generamos una tabla, DEBEMOS** recordar regresar y cambiar el rango de la tabla de A1:E100 a A1:E200. Es necesario hacer esto siempre que agregamos datos a nuestro reporte.

Es muy, muy fácil olvidar hacer esto. Excel no mostrará ningún error ni mensaje de advertencia, pero ¡nuestro reporte no habrá capturado todos los datos!

Las tablas eliminan este problema porque en cuanto peguemos algo en la fila 101, la Tabla se expandirá y la Tabla Dinámica (que se basa en la Tabla) también tendrá nuevas filas.

Ok, ahora que ya tenemos nuestra tabla definida, vamos a generar una Tabla Dinámica.

Cuando seleccionamos cualquier celda de la Tabla, aparece en la parte superior la sección con las opciones de Herramientas de Tabla. En esta sección, seleccionemos "Resumir con Tabla Dinámica"

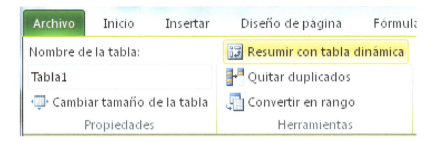

Esto inicia el asistente para Crear Tabla Dinámica. Trabajemos en cada paso.

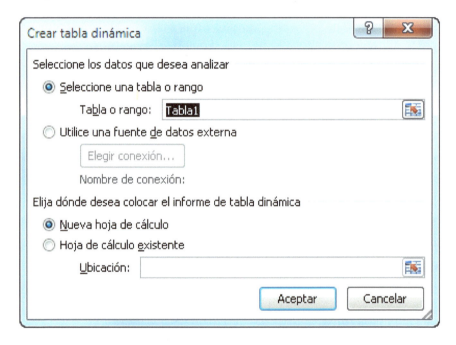

Excel automáticamente selecciona la tabla, por su nombre. Luego debemos decidir dónde poner la Tabla Dinámica. ¿Recuerdas las mejores prácticas? Mantén tus reportes separados de los datos. De esa manera puedes cambiar los datos o la Tabla Dinámica sin preocuparte por arruinarlos. Pueden dañarse entre sí si están en la misma hoja de cálculo. Por ejemplo, cuando se actualiza una Tabla Dinámica, puede sobrescribir las demás cosas de la hoja de cálculo.

Haz clic en Aceptar

Se crea una nueva hoja de cálculo y se muestra una Tabla Dinámica vacía y la lista de sus campos.

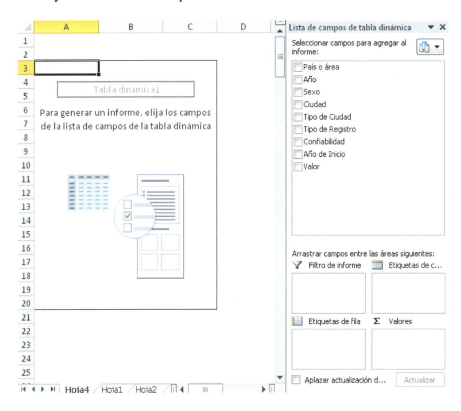

La lista de campos (las secciones a la derecha de la imagen) es donde generamos la Tabla Dinámicas. Podemos hacer clic y arrastrar un campo hacia la sección de Filtros, Columnas o Filas.

Construyamos una Tabla Dinámica que muestre la población por País o Área.

Haz clic en Valor y Excel pondrá el campo en Valores. Cualquier campo de datos se colocará automáticamente en la sección Valores. Puedes quitarlos de ahí si necesitas hacerlo.

Haz clic y arrastra País o Área a Filas.

Con sólo unos cuantos clics hemos creado un reporte que nos muestra la población mundial por país. ¡Eso estuvo fácil!

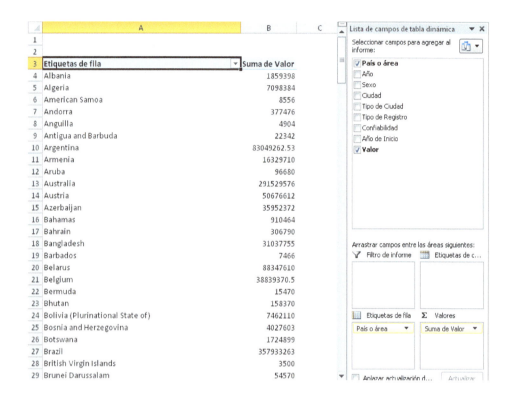

También podemos agregar campos a las columnas e incluso podemos poner varios campos en ya sea las filas o las columnas.

Por ejemplo, supongamos que queremos ver cómo ha cambiado la población en cada país por año. Entonces necesitamos ver la población por país y por año.

Hagamos clic en el campo Año de Inicio.

¿Eh? ¿Viste lo que pasó?

Excel no puso el Año de Inicio en las filas o en las columnas. Lo puso en la sección de Valores. Como el campo Año de Inicio sólo tiene números, Excel piensa que son datos y los quiere poner en la sección de Valores.

Pero eso no es lo que queremos. Hagamos clic y arrastremos la Suma de Año de Inicio al Área de Filas, **debajo** de País o Área.

Nuestro reporte se ve así.

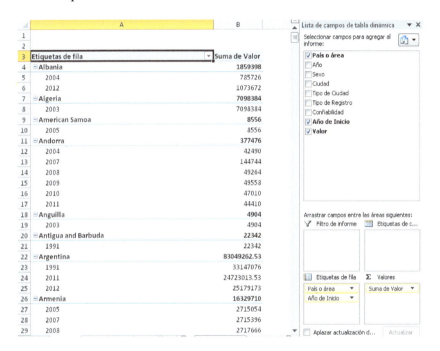

¿Viste cómo sólo moviendo algunos campos, podemos "dinamizar" los datos y ver lo que necesitamos analizar?

Intenta hacer clic en los pequeños signos de menos al lado de cada País. Podemos retraer y expandir fácilmente la Tabla Dinámica para mostrar más detalles o menos detalles, según lo necesites.

Filtros

¿Qué hacen los Filtros? Si colocamos un campo ahí, podemos filtrar toda la Tabla Dinámica por ese campo.

Continuemos generando la Tabla Dinámica anterior y agreguemos un Filtro por Sexo.

Haz clic en Sexo y arrástralo hacia la sección de Filtros.

Nada cambió en cuanto a los números, pero ahora tenemos un filtro en la Tabla Dinámica que nos permite filtrar por género.

Seleccionemos Female (Femenino) usando la casilla de selección para ver cuánto ha cambiado la población mundial femenina por país y por año.

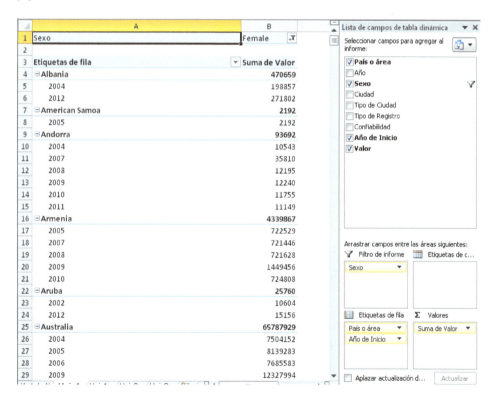

Aplazar Actualización del Diseño

¿Ves en donde dice 'Aplazar actualización del diseño' en la parte inferior de la lista de campos? Es una función muy útil.

De la manera en la que hemos estado generando nuestras Tablas Dinámicas, cada vez que se agrega, elimina o mueve un campo a una posición distinta, la tabla dinámica se actualiza instantáneamente. Para las Tablas Dinámicas que están basadas en grupos de datos extremadamente grandes, esta actualización puede tardar un rato en completarse. Esto significa que si movemos 5 campos, debemos esperar 5 veces para la Tabla Dinámica acabe de actualizar.

Si seleccionamos la casilla Aplazar Actualización del Diseño, la Tabla Dinámica no se actualizará si se agrega, mueve o cambia algún cambio. Podemos hacer todos los cambios que necesitemos y luego cuando estemos listos para actualizar la Tabla Dinámica, hacemos clic en el botón Actualizar. ¡Esto ahorra muchísimo de tiempo!

Orden de los Campos

El orden en el que ponemos los campos en las secciones de la lista de campos determina cómo se mostrarán los datos de la Tabla Dinámica.

Por ejemplo, actualmente tenemos el País o Área arriba del Año de Inicio. Esto significa que queremos ver los datos por país y luego por año. Como ya hemos visto:

	A	B
1	Sexo	Female
2		
3	**Etiquetas de fila**	**Suma de Valor**
4	⊟Albania	470659
5	2004	198857
6	2012	271802
7	⊟American Samoa	2192
8	2005	2192
9	⊟Andorra	93692
10	2004	10543
11	2007	35810

Si cambiamos el orden, haciendo clic y arrastrando Año de Inicio arriba de País o Área, obtenemos la siguiente Tabla Dinámica:

	A	B
1	Sexo	Female
2		
3	**Etiquetas de fila**	**Suma de Valor**
4	⊟1972	
5	Lebanon	235740
6	⊟1985	
7	Pitcairn	34
8	⊟1986	
9	Pitcairn	30

¿Ves qué fácil es cambiar la Tabla Dinámica y obtener la información que necesitamos?

Por cierto, parece que los 80's fueron algo difíciles para Pitcairn, ¿no? Perdieron 4 mujeres en 1986, pero no se preocupen, alguien inmigró (o nació) en 1987. Me pregunto ¿cómo estarán al día de hoy?

Consejo Importante

Esto te va a volver loco y te **va** a suceder, **te lo garantizo**.

El escenario es que tenemos nuestro grupo de datos, hacemos nuestra tabla, generamos nuestra tabla dinámica y cuando ponemos un campo en la sección de Valores, dice **Cuenta de Valores**, no Suma de Valores.

La manera más sencilla de cambiar esto es forzar la Tabla Dinámica a que use Suma en lugar de Recuento.

Hacer esto una o dos veces está bien, pero a veces tenemos que hacerlo siempre que generamos una tabla dinámica.

¿Por qué pasa esto?

Tiene que ver con los tipos de datos. Si hay algún texto en la columna, un espacio, letra o lo que sea, Excel tratará toda la columna como texto. No se puede sumar el texto, entonces la Tabla Dinámica hace el conteo.

Esto se corrige asegurándose de que no hay ningún elemento de texto en la columna.

Pero espera, las cosas pueden ser un poco confusas en Excel. Algunas veces, un número puede estar formateado como texto. Parece un número pero en realidad no lo es. ¿Y cómo vamos a saber la diferencia? ¿Cómo cambiamos el número de texto a número real?

Hay muchas maneras de hacerlo y ninguna es mejor que la otra. Veamos la que considero que es la forma más fácil de convertir números con formato de texto en números.

Pegado Especial

El Pegado especial resolverá esto muy fácilmente.

1 – Elija una celda vacía y teclea el número 1
2 – Copia la celda
3 – Selecciona todas las filas que tienen números problemáticos. No selecciones filas fuera de la tabla.
4 – Haz clic con el botón derecho y selecciona Pegado Especial
5 – En la ventana de Pegado Especial, selecciona **Valores y Multiplicar**.
6 - Haz clic en Aceptar

Excel pegará el 1 y lo multiplicará por el número que ya estaba en la celda y lo convertirá en un número normal.

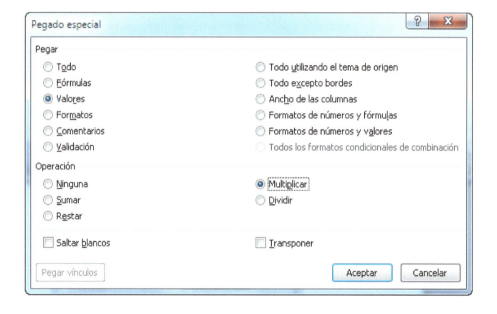

Desafortunadamente, a veces las bases de datos guardan números como texto y si una fuente de datos particular que uses frecuentemente hace esto, necesitas hacer este truco cada vez que agregues datos nuevos a Excel.

3. Usando una Tabla Dinámica

Ahora que ya podemos crear una tabla y generar una Tabla Dinámica, ¿ya terminamos? ¿Es todo lo que hay que saber?

No. Las Tablas Dinámicas hacen el análisis de datos muy fácil, ¡hay muchas más cosas por aprender! Este agujero de conejo es muy profundo. Veamos qué otras cosas interesantes podemos hacer.

Actualizar Datos

¡Esto es muy importante, por favor pon atención!

Si cambia algún número en nuestros datos, o si agregamos datos a la tabla de datos (colocándolos directamente abajo de la tabla), **la tabla dinámica no se va a actualizar automáticamente**. Todavía va a mostrar los datos anteriores.

Debemos hacerle saber a la Tabla Dinámica que hay datos nuevos y decirle que actualice sus datos. Hay dos maneras de hacer esto:

1 – En la barra de herramientas de la Tabla Dinámica, haz clic en el botón Actualizar.

2 – Haz clic con el botón derecho en la tabla dinámica y selecciona Actualizar

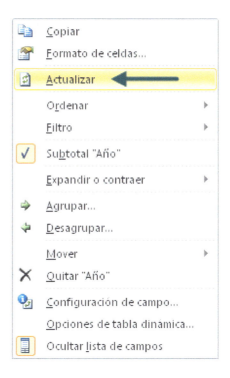

Sobrescribir Datos

Muchas veces, hay datos alrededor de la tabla dinámica.
Probablemente pondremos alguna fórmula, texto, etc. en las
columnas a la derecha o izquierda de la Tabla Dinámica.

Como la Tabla Dinámica es muy flexible para hacer análisis sobre la
marcha, también la cambiaremos en cuanto haya nuevas peticiones
de reportes.

Algunas veces, veremos este mensaje cuando tratemos de cambiar
una Tabla Dinámica:

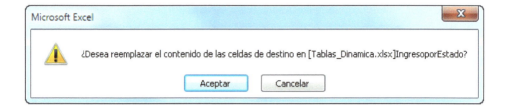

Esta es una advertencia de Excel que nos indica que la Tabla
Dinámica borrará y sobrescribirá datos en la hoja de cálculo.
Podemos cancelar este mensaje, insertar suficientes filas o columnas
en la Tabla Dinámica y eso resolverá el problema.

Configuración de los Campos

La configuración de cada campo nos permite modificar su
comportamiento exacto. Podemos cambiar la configuración de los
campos de varias formas, aunque la más sencilla es hacer clic en el
botón de la barra de herramientas.

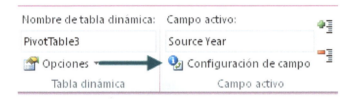

¡Podemos hacer muchas cosas en esta nueva ventana!

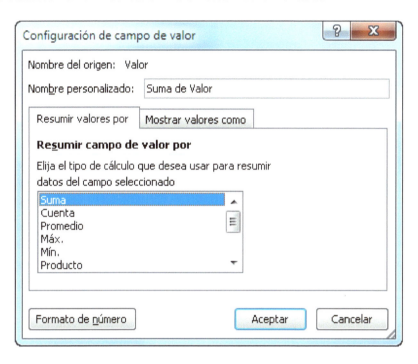

Cambiar el Nombre del Campo – Si no nos gusta el término 'Suma del Valor', podemos cambiarlo y ponerle un nombre más amigable para el usuario.

Cambiar Cálculo – De fábrica, Excel suma los campos con datos, aquí podemos cambiar esto a otra cosa que queramos.

Formato de Número – Aquí es donde podemos cambiar el formato del número en el campo para que permanezca así. Haz clic en el campo Formato de Número y aparecerá la ventana usual de formato de número. Haz los cambios que necesites y haz clic en Aceptar.

Mostrar Valores Como

Esta segunda pestaña nos permite cambiar cómo vemos los números en la tabla dinámica. Por ejemplo, en vez de números, podemos ver cada valor como un porcentaje del total.

Vamos a trabajar con un pequeño ejemplo para ver cómo funciona.

Por ahora, tenemos esta Tabla Dinámica (le cambié el formato de número):

	A	B
1	Sexo	Female ⊽
2		
3	Etiquetas de fila ▾	Suma de Valor
4	⊟ Albania	470,659
5	2004	198,857
6	2012	271,802
7	⊟ American Samoa	2,192
8	2005	2,192
9	⊟ Andorra	93,692
10	2004	10,543
11	2007	35,810

Supongamos que nos dan una nueva petición. Nos pidieron que mostráramos los números de la población y el porcentaje del total para cada país por año.

Ya tenemos la mitad del trabajo hecho. Ya tenemos los números de población por país y año. ¿Cómo obtenemos el porcentaje del total?

Podríamos ingresar una fórmula en la columna C pero después cada vez que cambiemos la Tabla Dinámica, tendríamos que insertar columnas para evitar que se sobrescriba la fórmula. Pero eso es mucho problema, dejemos que Excel haga todo el trabajo duro por nosotros.

Tenemos un campo de Valor. ¿Adivina qué? Podemos agregar el mismo campo otra vez a la tabla dinámica. Vamos a dar clic en Valor y arrastrarlo abajo de la Suma del Valor existente en la lista de campos. Nuestra sección de Valores ahora se ve así:

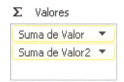

Ahora, demos clic en un valor en Suma de Valor 2 y luego en el botón de configuración del campo. En la pestaña 'Mostrar Valores Como', elije % del Total Principal. Asegúrate de que el campo base es País o Área, pues es lo que queremos que sea la base del %. Haz clic en OK y ahora nuestra Tabla Dinámica luce así:

	A	B	C
1	Sexo	Female ⊤	
2			
3	**Etiquetas de fila** ▼	**Suma de Valor**	**Suma de Valor2**
4	⊟Albania	470,659	100.00%
5	2004	198,857	42.25%
6	2012	271,802	57.75%
7	⊟American Samoa	2,192	100.00%
8	2005	2,192	100.00%
9	⊟Andorra	93,692	100.00%
10	2004	10,543	11.25%
11	2007	25,010	20.22%

Eso estuvo muy fácil, ¿no?

Ahora que sabemos que podemos agregar el mismo campo tantas veces como necesitemos y que la segunda pestaña de la Configuración del Campo nos deja cambiar el tipo de cálculo, te voy a mostrar una manera todavía más rápida de hacer esto.

Selecciona un número que sea Suma del Valor2, da clic con el botón derecho y selecciona 'Mostrar valores como'.

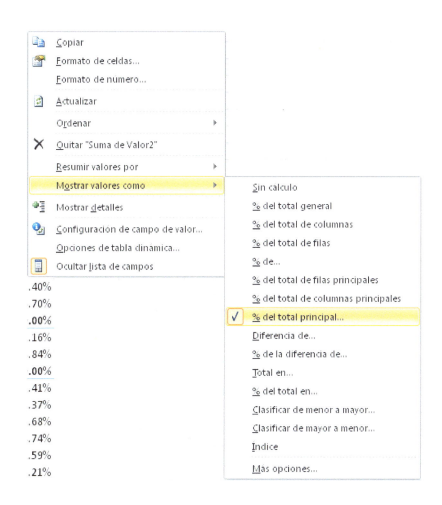

Copiar	
Formato de celdas...	
Formato de numero...	
Actualizar	
Ordenar	▶
Quitar "Suma de Valor2"	
Resumir valores por	▶
Mostrar valores como	▶
Mostrar detalles	
Configuracion de campo de valor...	
Opciones de tabla dinamica...	
Ocultar lista de campos	

Sin calculo	
% del total general	
% del total de columnas	
% del total de filas	
% de...	
% del total de filas principales	
% del total de columnas principales	
✓ % del total principal...	
Diferencia de...	
% de la diferencia de...	
Total en...	
% del total en...	
Clasificar de menor a mayor...	
Clasificar de mayor a menor...	
Indice	
Mas opciones...	

.40%
.70%
.00%
.16%
.84%
.00%
.41%
.37%
.68%
.74%
.59%
.21%

Filtrando los Campos

Muy bien, echemos un vistazo de nuevo a nuestra Tabla Dinámica.

◢	A	B	C
1	Sexo	Female .T	
2			
3	Etiquetas de fila ▼	Suma de Valor	Suma de Valor2
4	⊟ Albania	470,659	100.00%
5	2004	198,857	42.25%
6	2012	271,802	57.75%
7	⊟ American Samoa	2,192	100.00%
8	2005	2,192	100.00%
9	⊟ Andorra	93,692	100.00%
10	2004	10,543	11.25%
11	2007	25,819	28.23%

Se ve muy bien, ¿no? Podemos ver el número de población femenina por país y por año y el porcentaje por cada país.

Sin embargo, la Tabla Dinámica es muy larga. ¡Termina en la fila 496! ¿Qué te parece si nos enfocamos en unos cuantos países? ¿Tenemos que bajar en la hoja de cálculo y buscar físicamente los países que nos interesan? ¡Claro que no! dejemos que Excel haga el trabajo duro por nosotros.

Vamos a hacer clic en la pequeña flecha a la derecha del título de Filas. Esto mostrará la ventana con los filtros de etiqueta.

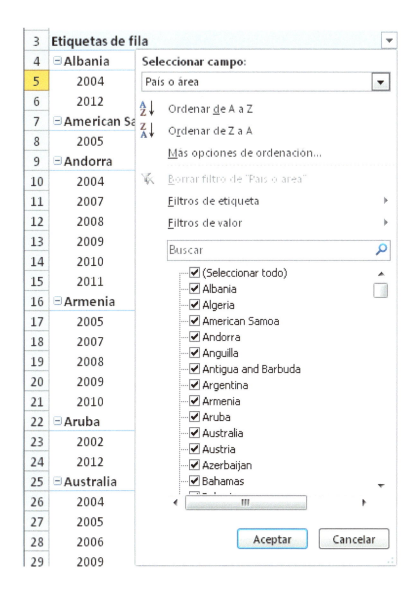

Hay muchas cosas geniales aquí que nos pueden ayudar a filtrar la larga lista de Países.

Seleccionar Campo – Esta casilla de selección es donde seleccionamos con qué campo queremos trabajar.

Ordenar de A a Z / Ordenar de Z a A - Aquí decides cómo ordenar las etiquetas.

Más opciones de Ordenación - Una vez que ordenamos los datos, podemos usar esta opción para regresar a ordenar Manualmente, para que podamos arrastrar los elementos a donde queramos. Inténtalo. Haz clic y arrastra Zimbabwe arriba de Pitcairn. Podemos tener cualquier tipo de orden que necesitemos con el ordenado manual.

Hay algunos trucos de ordenación que serán muy útiles. Si tenemos una base de datos con días y elegimos Ordenar de A a Z, Excel no los ordenará alfabéticamente, ¡sino en el orden normal de los días de la semana!

¿Cómo sabe Excel cual es el orden correcto? Excel usa las Listas Personalizadas para los días de la semana.

Tomemos un pequeño descanso de las Tablas Dinámicas y veamos las **Listas Personalizadas**.

Las **Listas Personalizadas** se pueden utilizar siempre que necesitemos ordenar datos, ya sea en una Tabla Dinámica, una tabla normal, o en una simple lista de palabras. Hay Listas Personalizadas predefinidas para los días de la semana, meses y también podemos agregar nuestras propias listas.

Las listas personalizadas están algo escondidas. Para encontrarlas, haz lo siguiente:

1. Haz clic en Archivo (o en el botón de Microsoft en Excel 2007)
2. Haz clic en Opciones
3. Haz clic en Avanzadas
4. Hacia la parte inferior de la pantalla, busca el botón 'Modificar Listas Personalizadas'

5. Haz clic en el botón
6. Aparece la ventana de Listas Personalizadas
7. Podemos comenzar a capturar elementos en la caja de 'Entradas de lista' o podemos usar un rango existente de celdas y selecciona Importar.

Ahora, siempre que le digas a Excel que ordene datos y vea esos elementos, los ordenará según ese orden.

Por ejemplo, si tenemos una serie de productos que queremos que estén ordenados de cierta manera, podemos crear la lista aquí. O tal vez necesitemos ordenar al personal de ventas según su antigüedad. Cualquier orden específico de ordenación se puede definir aquí.

Muy bien, espero que eso haya sido útil. ¡Ahora regresemos a las Tablas Dinámicas!

Filtros de Etiqueta – Los filtros de etiquetas nos permiten encontrar cualquier valor en el área de Tablas Dinámicas En nuestro caso, las etiquetas son País y Año de Inicio.

Nuestra Tabla Dinámica se extiende hasta la fila 620. Encontrar un país en específico es mucho más fácil con todas estas opciones.

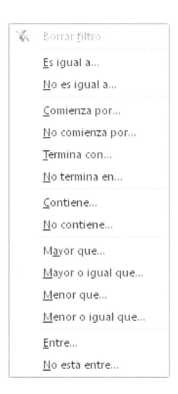

Cuando hacemos clic en cualquiera de las opciones en el Filtro de etiqueta, veremos que aparece una nueva ventana.

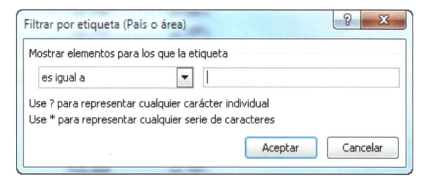

Aquí es donde pondremos los valores que queremos encontrar. A veces cambia un poco, como cuando seleccionamos la opción 'está comprendido entre':

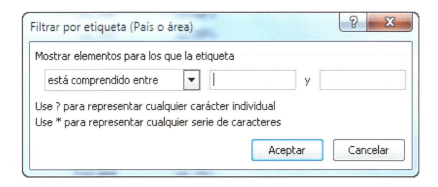

Comodines

Una funcionalidad que te ayudará a buscar es que Excel puede buscar patrones si le pedimos que lo haga. Usamos comodines para hacer esto.

El asterisco * representa cualquier número de letras o de números. Por ejemplo, si quisiéramos encontrar todos los países que empiezan con A, usaríamos A*

, o si quisiéramos encontrar todos los países que empiezan y terminan con A, usaríamos A*A

Por otro lado, el signo de interrogación '?' representa un solo número o letra. Por ejemplo, Aust??? nos daría como resultado Austria pero no Australia.

Nota: Esta búsqueda no distingue entre mayúsculas y minúsculas. A* hará lo mismo que a*.

Filtros de Valores – Los filtros de valores realizan funciones similares a los filtros de etiquetas, pero sobre los valores en la Tabla Dinámica.

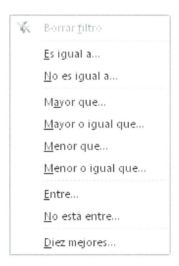

Cuando seleccionamos uno de estos elementos, la nueva ventana varía ligeramente pero es prácticamente lo mismo.

Búsqueda – La casilla de búsqueda nos deja buscar un país o año en particular y los comodines también funcionan aquí. Fíjate qué pasa cuando escribimos b*. Las opciones de países (con las casillas de selección) cambian como resultado del criterio de búsqueda. Ahora sólo aparecen los países que empiezan con B.

Selecciones Individuales – Aquí simplemente podemos elegir qué países queremos mostrar u ocultar, seleccionando o deseleccionando las casillas.

Filtros del Informe

Cuando un campo está en la parte superior de la Tabla Dinámica en la sección de Filtros, nuestras opciones están un poco más limitadas.

Podemos buscar y seleccionar un elemento de manera
predeterminada. Si queremos seleccionar varios elementos,
necesitamos activar la casilla 'Seleccionar varios elementos' y las
casillas aparecerán junto a los Géneros.

Agrupar Campos

Esta pequeña y excelente función no la conocen muchos.

Si tenemos un campo numérico o de fechas, la Tabla Dinámica puede agrupar los datos. Si tienes el libro de Excel que viene con el curso, observa la hoja de cálculo de Agrupar. Tenemos esta conocida tabla dinámica filtrada para mostrar sólo las Mujeres en Austria.

Sexo	Female 🔽	
Etiquetas de fila 🔽	**Suma de Valor**	**Suma de Valor2**
⊟ Austria	13,268,018	100.00%
2001	2,808,089	21.16%
2005	1,277,900	9.63%
2006	1,279,408	9.64%
2007	1,238,624	9.34%
2008	1,247,153	9.40%
2009	1,315,555	9.92%
2010	1,356,854	10.23%
2011	1,366,729	10.30%
2012	1,377,706	10.38%
Total general	**13,268,018**	**100.00%**

Bueno, ahora supongamos que tus jefes, tan exigentes como son, ahora te pidieron que muestres estos datos en intervalos de 5 años. Afortunadamente, ya sabemos (o pronto lo sabremos) ¡cómo dejar que Excel lo haga por nosotros!

Primero, seleccionemos un año en la Tabla Dinámica. Como el año es un campo numérico, la sección de Agrupar en las Herramientas de la pestaña de Opciones de Tabla Dinámica está activa. Si damos clic en un campo no numérico, esta sección no está activada y está en gris.

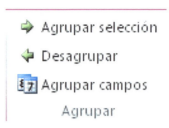

Haz clic en Agrupar Campos. Aparece la siguiente ventana:

En donde dice 'Por', cambia el 10 por un 5, pues nuestra nueva petición quiere grupos de 5 años.

Haz clic en Aceptar. Nuestra Tabla Dinámica ahora está agrupada en secciones de 5 años. Podemos deshacer el grupo haciendo clic en 'Desagrupar'.

Sexo	Female	

Etiquetas de fila	Suma de Valor	Suma de Valor2
⊟ Austria	13,268,018	100.00%
2000-2004	2,808,089	21.16%
2005-2009	6,358,640	47.92%
2010-2014	4,101,289	30.91%
Total general	13,268,018	100.00%

Algo que hay que revisar

Este es un punto que ya habíamos cubierto, pero quiero asegurarme de que no se nos olvide.

Hemos estado filtrando, buscando y ordenando en el campo País, pero también lo podemos hacer en el Año si lo necesitamos. Sin embargo, ¿notas cómo los campos País y Año están en la columna A? La manera en la que Excel sabe qué campo usar es cuando se lo decimos en la primera caja de la Lista de Filtros.

3	Etiquetas de fila	▼	Suma de Valor S
4	⊟ Albania	Seleccionar campo:	470,659
5	2004	País o área ▼	198,857
6	2012	A↓ Ordenar de A a Z	271,802
7	⊟ American Sa	Z↓ Ordenar de Z a	2,192
8	2005	Más opciones de ordenación...	2,192
9	⊟ Andorra		93,692
10	2004	Borrar filtro de "País o área"	10,543

Una vez se me olvidó, y me volví loco tratando de resolver el problema ¡y todo el tiempo la solución estaba frente a mí!

Recuerda, una tabla dinámica no se actualizará automáticamente, ¡debemos hacer clic en Actualizar para actualizarla cuando agregamos o cambiamos datos!

4. Segmentación de Datos

La Segmentación de Datos es una manera mucho más elegante y amigable con el usuario que nos permite seleccionar los distintos elementos por filtrar. Cualquier selección que hagamos en una segmentación de datos se refleja en la Tabla Dinámica, y se ve muy estético.

Vamos a ver esta Tabla Dinámica y comenzaremos a trabajar con la segmentación de datos, para que veamos cómo funciona.

Aquí estamos viendo la población del 2012, ambos sexos por País y luego por Ciudad.

Sexo	Both Sexes
Año de Inicio	2012

Etiquetas de fila	Suma de Valor
⊟Albania	536,836
DurrÃ«s	115,550
TIRANA	421,286
⊟Argentina	25,179,173
BahÃa Blanca-Cerri	314,948
BUENOS AIRES	13,242,375
CÃ³rdoba	1,429,922
Catamarca	212,174

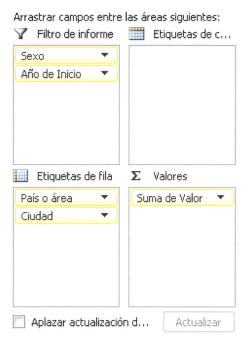

Definitivamente debes intentar generarla por ti mismo y luego compararla con estas imágenes o ve la hoja de cálculo de Segmentación de Datos en el archivo de Excel descargable que está en mi sitio web.

Para obtener el archivo con el libro de Excel visite a mi página web:
http://markmoorebooks.com/tablas-dinamicas/

Vamos a agregar una segmentación de datos al campo Sexo. De esta manera es mucho más fácil para nosotros seleccionar Masculino, Femenino o Ambos Sexos.

Ahora, cuando seleccionemos un género particular, hacer clic en la casilla nos mostrará esta ventana. Funciona, pero puede estar mucho mejor.

¡Los datos tienen sus trucos!

Al trabajar con Tablas Dinámicas y con datos en general, es mejor trabajar lentamente (¡cuando sea posible y si no hay fechas de entrega!) y pensar en lo que estás viendo. Todos los grupos de datos son diferentes y si no tenemos cuidado, generaremos reportes y análisis incorrectos.

Por ejemplo, pensemos en los géneros que vemos: Todo, Ambos Sexos, Femenino, Masculino. Parece que el grupo de datos de Población de las Naciones Unidas ya tiene algunos totales. Ambos sexos = Masculino + Femenino.

Esto significa que si elegimos Masculino, Femenino o Ambos Sexos, obtendremos los totales correctos.

Sin embargo, Excel no sabe que Ambos Sexos es un total, piensa que es otro género que hay que sumar. Si elegimos (Todas) contaríamos doble todo porque (Todo) = Femenino + Masculino + Ambos Sexos

Ok, ahora regresemos a la segmentación de datos.

Agreguemos una segmentación de datos para que los usuarios puedan elegir el género y ver las cifras de población correspondientes.

1. Haz clic dentro de la tabla dinámica para que aparezcan las pestañas específicas para la Tabla Dinámica.
2. Haz clic en la pestaña Opciones debajo de las Herramientas de la Tabla Dinámica
3. Haz clic en Insertar Segmentación de datos

Insertar Segmentación de datos ▾

4. En la nueva ventana selecciona Sexo

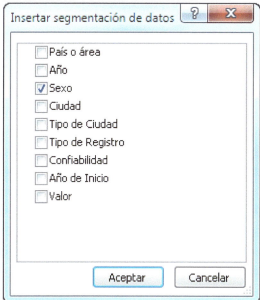

5. Haz clic en Aceptar

Y eso es todo, ¡la hoja de cálculo ya tiene segmentación de datos!

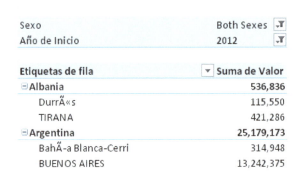

| Sexo | Both Sexes ▼ |
| Año de Inicio | 2012 ▼ |

Etiquetas de fila ▼	Suma de Valor
⊟Albania	536,836
DurrÃ«s	115,550
TIRANA	421,286
⊟Argentina	25,179,173
BahÃa Blanca-Cerri	314,948
BUENOS AIRES	13,242,375

Ahora tenemos una representación visual de los elementos que
podemos usar para seleccionar cómo filtrar los datos.
También es mucho más fácil ver cuál es la selección actual porque
está sombreada y lo demás no.

Otra muy buena característica es que podemos quitar el campo
'Sexo' del área de Filtro ¡y la segmentación de datos seguirá
filtrando la tabla dinámica con las opciones que hicimos ahí!

Podemos tener todas las segmentaciones de datos para la tabla
dinámica que queramos. Esto hace que sea mucho más fácil usar la
Tabla Dinámica para quienes no estén muy familiarizados con Excel.

Por ejemplo, esta es nuestra Tabla Dinámica con dos segmentaciones
de datos en los campos que están en la Sección de Filtros. Cambié un
poco el formato de las segmentaciones, ahora aprenderemos a hacer
eso.

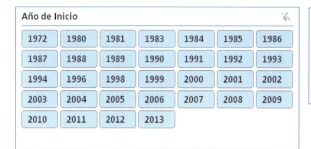

| Sexo | Both Sexes |
| Año de Inicio | (Todas) |

Etiquetas de fila	Suma de Valor
⊟ Albania	929,699
Durrã«s	115,550
TIRANA	814,149
⊟ Algeria	7,098,384
ALGIERS (EL DJAZAIR)	1,569,897
Annaba	352,523

Cuando seleccionamos la segmentación de datos, aparece una nueva pestaña con Herramientas de la Segmentación. Aquí podemos cambiar la apariencia de la segmentación para que nuestra Tabla Dinámica y nuestro Informe tengan el formato que queramos.

Para que entren todos los años de nuestros datos, hice que la segmentación tenga 7 columnas. También arrastré la flecha del lado derecho para cambiar el tamaño.

Se puede cambiar el número de columnas, altura, longitud y el estilo de la segmentación desde la pestaña de Opciones en las Herramientas de la Segmentación de Datos.

Configuración de la Segmentación de Datos

Si damos clic con el botón derecho en la segmentación y seleccionamos 'Configuración de la Segmentación de Datos', obtenemos esta ventana.

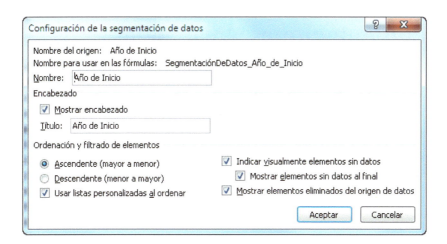

Aquí podemos:

- Cambiar el título de la Segmentación
- Cambiar el orden de los elementos de la segmentación
- Mostrar elementos sin color cuando no tengan datos
- Mostrar elementos que estaban en la fuente de datos pero que se han borrado.

Segmentaciones Avanzadas

Ahora, vamos a crear una segmentación de datos que controle dos tablas dinámicas.

Las siguientes Tablas Dinámicas tienen el campo Año. Vamos a crear una segmentación de datos con el campo Año que controle las dos Tablas Dinámicas.

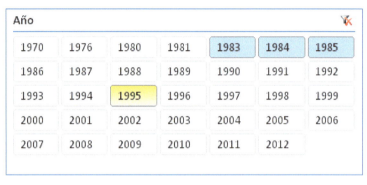

Primero, necesitamos crear una segmentación normal que controle una Tabla Dinámica. Vamos a crearla en la Tabla Dinámica de Población por País y Año.

Para hacer esto necesitamos seguir estos pasos:

Haz clic en una celda dentro de la Tabla Dinámica de Población por País y Año
2 - En las Herramientas de la Tabla Dinámica, en la pestaña de Opciones, haz clic en Insertar Segmentación de Datos
3 – Escoge Año

4 - Haz clic en Aceptar

Las segmentaciones de datos se pueden conectar con cualquier Tabla Dinámica en el libro. Antes de agregar una conexión, debemos asegurarnos de que estamos conectando la Tabla Dinámica correcta.

Debemos averiguar el nombre de la Tabla Dinámica de Población por Año y Género.

1 - Haz clic en una celda dentro de la Tabla Dinámica de Población por Año y Género
2 – En las Herramientas de Tabla Dinámica, en la pestaña de Opciones, el primer grupo nos dirá el nombre de la Tabla Dinámica. Necesitamos recordar esto. La Tabla Dinámica (en el libro de apoyo) está en una hoja de cálculo llamada SegmentacionAvanzada

Ahora que hemos creado la segmentación, agregaremos una nueva conexión con la segunda Tabla Dinámica, y sabemos que está en la hoja de cálculo SegmentacionAvanzada.

Para agregar la nueva conexión:

1 – Haz clic en la segmentación para seleccionarla
2 - En las Herramientas de la Segmentación de datos, en la pestaña de Opciones, haz clic en Conexiones de Segmentación de Datos

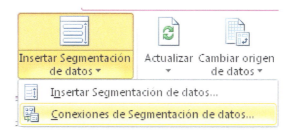

3 – En esta nueva ventana, debemos decirle a Excel qué Tablas Dinámicas va a controlar la segmentación. Ya generamos la primera en TablaDinámica1. Ahora debemos agregar TablaDinámica2.

Nota: Aquí es donde podemos conectar la segmentación con cualquier otra Tabla Dinámica del libro.

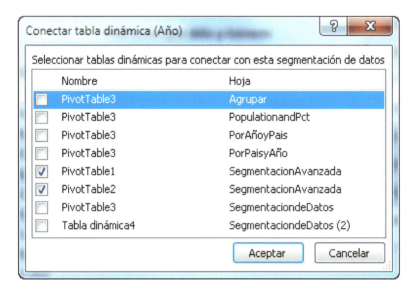

Con un poco de formato y ocultando las líneas de la cuadrícula de Excel (en las herramientas de Vista), la segmentación de datos y las Tablas Dinámicas se ven más presentables y una selección de Año filtrará ambas tablas dinámicas. En la siguiente imagen, sólo seleccioné algunos años para mostrar los resultados.

	A	B	C	D	E	F
1						

Año ⧨

1970	1976	1980	1981	**1983**	**1984**	**1985**
1986	1987	1988	1989	1990	1991	1992
1993	1994	1995	1996	1997	1998	1999
2000	2001	2002	2003	2004	2005	2006
2007	2008	2009	2010	2011	2012	

Población por País y Año

Etiquetas de fila .▼	Suma de Valor
⊟ Congo	894,214
1984	894,214
⊟ Equatorial Guinea	30,418
1983	30,418
⊟ Eritrea	562,220
1984	562,220
⊟ Liberia	421,053
1984	421,053
⊟ Myanmar	3,883,252
1983	3,883,252
⊟ Pitcairn	133
1985	133
⊟ Sierra Leone	469,776
1985	469,776
Total general	**6,261,066**

Población por Año y Género

Etiquetas de fila .▼	Suma de Valor
⊟ 1984	281,110
Female	151,522
Male	129,588
⊟ 1985	66
Female	34
Male	32
Total general	**281,176**

5. Gráficos Dinámicos

Cuando se genera un gráfico de Excel basado en una Tabla
Dinámica, se convierte en un Gráfico Dinámico. Un Gráfico
Dinámico es una combinación de un gráfico de Excel y una Tabla
Dinámica. Los usuarios tienen la misma capacidad en los Gráficos
Dinámicos para seleccionar los elementos por filtrar y el gráfico se
actualizará automáticamente.

Ahora, no tenemos que generar un gráfico cada vez que alguien nos
pida algo; podemos darles a nuestros usuarios la capacidad de
manipular el gráfico para que obtengan los datos que necesiten ¡sin
que nos estén molestando!

Vamos a poner manos a la obra con los Gráficos Dinámicos. Si estás
siguiendo el curso, ahora estamos en la hoja de cálculo
GraficoDinamico, si no, las imágenes te ayudarán.

Una vez más, se recomienda iniciar con los datos que estén en una
tabla. ¿Recuerdas por qué es una buena idea?

Porque todo lo que tenemos que hacer es pegar datos nuevos justo
debajo de la tabla y se expandirá para incluirlos. La Tabla Dinámica
(y el Gráfico Dinámico) también podrán usar los nuevos datos,
después de que hagas clic en Actualizar.

Podríamos generar una Tabla Dinámica y luego un gráfico en la
Tabla Dinámica, pero hay una manera más sencilla.

1 – Seleccione una celda en la tabla
2 – En las Herramientas de Tabla, en la pestaña de Diseño, haz clic
en la pequeña flecha negra debajo de Tabla Dinámica.
3 – Selecciona Gráfico Dinámico

4 – Aparece la ventana para Crear Tabla Dinámica y Gráfico Dinámico. La ventana selecciona la tabla activa (en mi caso, Tabla3) y nos pide una ubicación. Voy a ponerla en la misma hoja de cálculo. Sí, ya sé que no es la mejor práctica, pero es más fácil ver todo en una hoja de cálculo. No haría esto en un ambiente de producción.

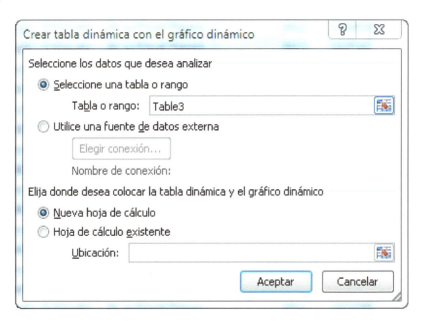

5 – Cuando damos clic en Aceptar, Excel crea la Tabla Dinámica y el Gráfico Dinámico por nosotros.

Todo lo que tenemos que hacer ahora es agregar los elementos a la Tabla Dinámica y el Gráfico Dinámico se actualizará solo.

Agreguemos el valor a la sección de Valores, País y Año a la sección de Ejes.

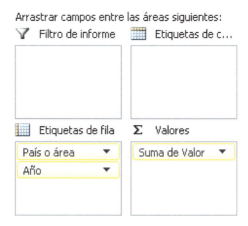

Nuestro Gráfico Dinámico ahora luce así:

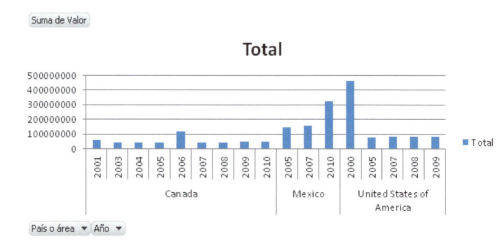

¿Notas los rectángulos grises redondeados que dicen País o Área y Año en la parte inferior izquierda del gráfico? Los usuarios pueden hacer clic en las flechitas negras y seleccionar un País y/o Año específico para actualizar el gráfico. Como el Gráfico Dinámico y la

Tabla Dinámica están enlazados, cuando se actualiza el gráfico, la tabla dinámica también se actualiza.

Nota que cuando seleccionamos el Gráfico Dinámico, tenemos tres pestañas nuevas: Diseño, Formato y Analizar.

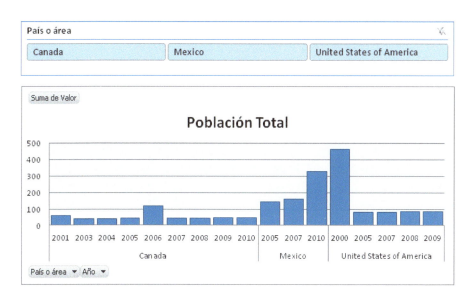

Sólo usando estas pestañas e insertando una segmentación de datos (estos son temas que ya hemos cubierto), mira lo bien que puede lucir el gráfico. También definí el formato de Eje Y para mostrar los números en millones y reducir el espacio entre las columnas.

6. Consejos y Trucos de Tablas Dinámicas

Cálculos de las Tablas Dinámicas

También podemos agregar fórmulas personalizadas a nuestras Tablas Dinámicas. Hay dos tipos de cálculos que podemos usar:

1. Campos Calculados
2. Elementos Calculados

¿Cuál es la diferencia entre los dos?

Los campos calculados se usan cuando necesitamos usar datos de otro campo de la Tabla Dinámica. Los elementos calculados se usan cuando necesitamos usar un elemento específico *dentro* de un campo en nuestro cálculo.

La metodología de cálculo también varía entre los dos.

Los campos calculados usan la suma de los datos de cualquier campo referenciado. Por ejemplo, si queremos calcular el impuesto sobre las ventas estatal de todas las facturas, un campo calculado tomará la suma de todas las facturas y las multiplicará por la tasa del impuesto sobre las ventas. Esto funcionará si todas nuestras facturas son del mismo Estado.

Los elementos calculados se calculan para cada registro individual, luego se suma. Usando el mismo ejemplo, si calculamos el impuesto sobre las ventas estatal de cada factura, la tasa del impuesto se multiplicará por todas las facturas **primero**, luego se suma. Esto funcionará para todas las facturas, independientemente del Estado (siempre y cuando pongamos todas las tasas de impuestos sobre las ventas en la fórmula).

Nota: No **tenemos** que usar elementos calculados si no queremos hacerlo. En lugar de eso, podemos agregar otra columna a nuestros datos y hacer el cálculo ahí.

Campos Calculados

La Tabla Dinámica en la hoja de cálculo de Campo Calculado luce así:

Sexo	Both Sexes ⚲	
Etiquetas de fila ▾	**Suma de Valor**	**Suma de # Mascotas**
2000	231,814,005	715,715,293
2001	31,016,446	90,735,008
2003	20,342,348	64,416,409
2004	20,754,090	45,623,793
2005	172,983,194	509,043,099
2006	59,860,130	180,436,456
2007	184,241,903	490,103,596
2008	107,101,901	355,304,502
2009	108,928,070	333,708,868
2010	187,157,655	579,026,098
Total general	**1,124,199,742**	**3,364,113,122**

Vamos a crear un campo calculado que tome la Suma de # Mascotas / Suma del Valor. Esto básicamente dividirá el número total de mascotas que tiene la población mundial, para darnos el número promedio de mascotas por persona.

Haz clic en Campo Calculado

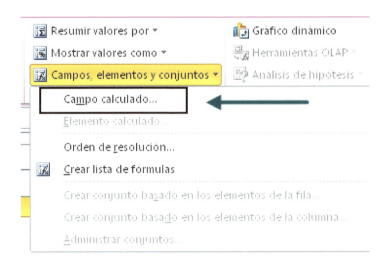

2 - Ahora nombramos el campo y capturamos el cálculo

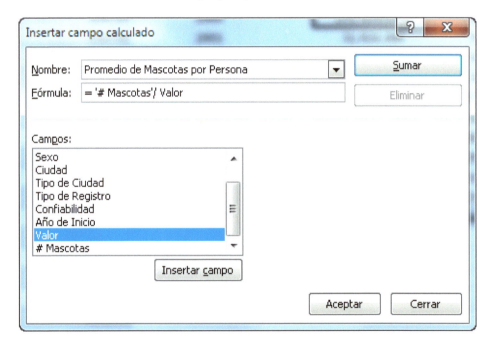

3 - Cuando hacemos clic en Aceptar, agregamos el campo calculado a nuestra Tabla Dinámica.

Sexo	Both Sexes

Etiquetas de fila	Suma de Valor	Suma de # Mascotas	Suma de Promedio de Mascotas por Persona
2000	231,814,005	715,715,293	3
2001	31,016,446	90,735,008	3
2003	20,342,348	64,416,409	3
2004	20,754,090	45,623,793	2
2005	172,983,194	509,043,099	3
2006	59,860,130	180,436,456	3
2007	184,241,903	490,103,596	3
2008	107,101,901	355,304,502	3
2009	108,928,070	333,708,868	3
2010	187,157,655	579,026,098	3
Total general	1,124,199,742	3,364,113,122	3

Elementos Calculados

En la hoja de cálculo de elementos calculados, tenemos esta Tabla Dinámica:

Sexo	Both Sexes

Etiquetas de fila	Suma de Valor
Canada	244,232,276
Mexico	316,149,780
United States of America	563,817,686
Total general	1,124,199,742

Vamos a crear una suma de United States of America y de Canada. Como estamos sumando elementos específicos **dentro** del campo País, necesitamos usar un elemento calculado.

1 – Haz clic en un país
2 - Haz clic en Elemento Calculado Si das clic en un número en la Tabla Dinámica, Elemento Calculado no estará activado.

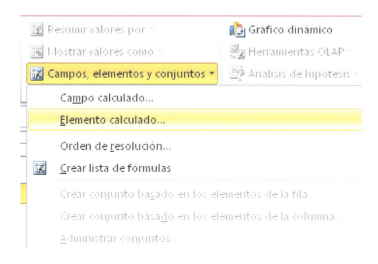

3 – Ponle un nombre y crea la fórmula

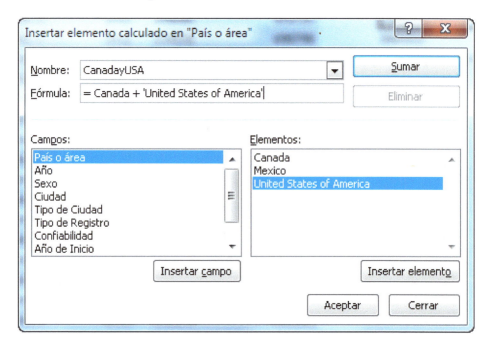

4 - Haz clic en Aceptar para agregar cálculo a nuestra Tabla Dinámica.

Sexo	Both Sexes

Etiquetas de fila	Suma de Valor
Canada	244,232,276
Mexico	316,149,780
United States of America	563,817,686
CanadayUSA	808,049,962
Total general	**1,932,249,704**

Sí, este cálculo no tiene mucho sentido. El Gran Total ahora se contó doble, pero aprendimos a usar elementos calculados.

Si queremos ver todas las fórmulas en una Tabla Dinámica, podemos hacer clic en Crear Lista de Fórmulas. También podemos especificar el orden de los cálculos haciendo clic en Orden de resolución.

Si tenemos dos diferentes campos en la Tabla Dinámica que tienen el mismo nombre, debemos incluir el nombre del campo en la fórmula. Hacemos esto usando el nombre del campo y luego el nombre del elemento entre corchetes, por ejemplo Región[Norte]. Si no hacemos esto, tendremos el error #¿NOMBRE? en la Tabla Dinámica.

Conjuntos con nombre

Los conjuntos con nombre sólo se usan con fuentes de datos OLAP. Esa es una funcionalidad de Excel más avanzada y necesitamos tener una infraestructura de TI para trabajar con ella. Eso está fuera del alcance de esta lección.

Generar GetPivotData

Incluso con todas estas opciones de cálculo, a veces necesitamos crear una fórmula en la hoja de cálculo que haga referencia a una celda en una Tabla Dinámica. Si tratamos de hacer clic en una celda dentro de la Tabla Dinámica, Excel no pone la referencia de la celda. En lugar de eso, Excel usa una fórmula GetPivotData. Si arrastramos la fórmula hacia abajo o a través, no se actualiza.

Por supuesto, podemos capturar la referencia de la celda, sin embargo, podemos desactivar este comportamiento en Excel. En la barra de herramientas de Tabla Dinámica, haz clic en la pequeña flecha al lado de Opciones y deselecciona Generar GetPivotData.

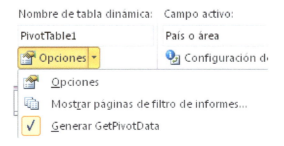

Análisis Detallado

Si hay un número específico en la Tabla Dinámica que necesitemos analizar un poco más y ver los registros individuales que generan esa suma, todo lo que tenemos que hacer es dar doble clic en el número. Excel encontrará dichos registros ¡y los pondrá en una hoja de cálculo nueva por nosotros!

Cómo mostrar fácilmente las diferencias del el último año (o mes)

En la hoja de cálculo Diferencia de Año Anterior tenemos la siguiente Tabla Dinámica:

Sexo	Both Sexes
Etiquetas de fila	**Suma de Valor**
⊟Canada	244,232,276
2001	31,016,446
2003	20,342,348
2004	20,754,090
2005	21,030,143
2006	59,860,130
2007	21,599,703
2008	22,833,892
2009	23,221,751
2010	23,573,773
⊟Mexico	316,149,780
2005	72,274,757
2007	80,291,141
2010	163,583,882
⊟United States of America	563,817,686
2000	231,814,005
2005	79,678,294
2007	82,351,059
2008	84,268,009
2009	85,706,319
Total general	**1,124,199,742**

Esta es una forma muy fácil para mostrar la diferencia contra el año pasado.

1 – Haz clic con el botón derecho en cualquier número de la Tabla Dinámica y selecciona Configuración de campo de valor
2 – Ve a la pestaña Mostrar valores como
3 – Selecciona 'Diferencia de' y para el elemento base, selecciona '(anterior)'

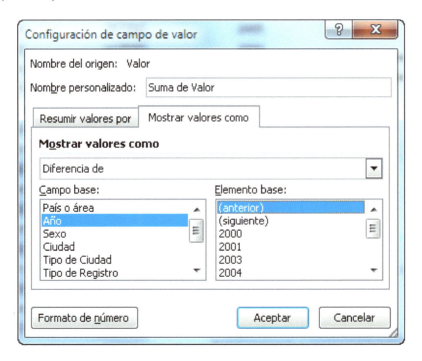

Dejé este consejo para el último porque es un poco más complejo que el resto.

De hecho, **podemos hacer** que la Tabla Dinámica se actualice automáticamente. No es una funcionalidad nativa de Excel, pero podemos escribir un pequeño macro que lo haga por nosotros.

1 – Primero, debemos guardar el libro como xlsm. Este es el formato de archivo de Excel que soporta macros.
2 – Presiona Alt + F11 para abrir el editor de macros.
3 – Haz doble clic en la hoja con la Tabla Dinámica para actualizar el panel de VBA Project

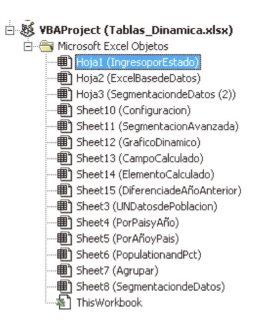

4 – En la parte superior de la nueva hoja en blanco que aparece, selecciona 'Worksheet' en la casilla de selección de la izquierda y 'Activate' en la casilla de selección de la derecha.

5 – Entre las líneas generadas automáticamente, captura esta línea:

```
Activesheet.PivotTables("PivotTable1").Pivotca
che.Refresh
```

6 - Guarda el libro.

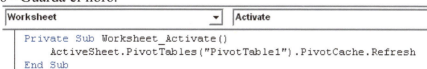

Si nunca habías creado un macro antes, ¡felicidades, lo acabas de hacer!

Lo que hará es que actualizará la Tabla Dinámica 1 (PivotTable1) de la hoja en la que hicimos doble clic. Si tenemos más de 1 tabla dinámica en la hoja de cálculo, necesitamos agregar una línea para cada una. Si tenemos varias hojas con Tablas Dinámicas, debemos crear esta pequeña macro para cada hoja.

Conclusión

¡Ya está! Hemos visto las características y funcionalidades más comunes y algunas no tan comunes de las Tablas Dinámicas.

Las tablas dinámicas son **la** manera de manejar y reportar grandes cantidades de datos en Excel. Sigue usándolas y trata de recordar sólo una cosa nueva de ellas cada pocos días. Antes de que te des cuenta, todo lo que aprendimos y más será ya algo natural. ¡Serás el gurú de Excel y la gente vendrá a verte para pedirte consejos! :-)

Si este libro te pareció útil, por favor deja un comentario para otras personas en Amazon. Sólo toma un minuto y les ayudará a otros que se sientan intimidados por Excel. ¡Tu opinión cuenta!

Estaré infinitamente agradecido si te tomas algunos minutos para escribir una opinión en mi página. ¡Gracias!